AF346206

# Développement personnel

Habitudes et attitudes à adopter pour apprendre efficacement et réussir ses examens et ses concours.

Mahamadou SOW

# Table des matières

# LES RÉALITÉS

Le monde de demain de toute évidence appartient aux personnes qui cherchent à s'élever au-dessus de la médiocrité.

Les employeurs ne cherchent plus les personnes qui manquent de confiance en elles, mais celles qui ont un savoir- faire et un savoir- être, bref un potentiel humain.

Seuls ceux qui savent prendre des risques occuperont des postes de responsabilité et gouverneront le monde.

Le monde a besoin de gens qui apportent des solutions aux problèmes et non ceux qui présentent déjà un problème en eux-mêmes et que les diplômes seuls ne peuvent vous garantir la production de résultats encore moins la réussite dans votre vie.

Nous sommes tous responsables de nos actes et de nos choix.

Nous devons tous chercher à progresser pour devenir un agent de changement et non un agent utilitaire, trouver une orientation et donner un sens à notre vie. Nous sommes à une époque où la minorité est influencée par la majorité même si cette dernière ne s'appuie pas sur des bases solides.

Les gens se mettent constamment des barrières parce qu'ils sont inconscients de leurs potentiels et de leurs capacités.

Le manque de maîtrise de notre vie est la cause de tous nos maux et cela a pour cause notre ignorance.

« L'une des solutions est d'enseigner le développement personnel dans les établissements, dans les familles, dans les entreprises, … et l'adapté à chaque niveau. »

**Mahamadou SOW**

« La plus grande erreur que vous puissiez faire, dans la vie, c'est d'avoir peur de  faire des erreurs ».

**John Fitzgerald Kennedy**

« Tenez-vous à l'écart des gens qui freinent vos ambitions. Les petits esprits font toujours cela. Les plus grands esprits seuls vous font sentir que vous aussi, pouvez  devenir grand »

**Mark Twain**

# FICHE MÉTHODE N°01

## COMMENT BIEN APPRENDRE SON COURS

### 1. La remémoration :

C'est un travail de récupération qui permet à l'étudiant d'essayer de se rappeler de son cours sans pour autant le regarder. C'est de cette manière que vous allez consolider tout ce que vous voulez apprendre ou mémoriser dans votre mémoire à long terme.

### <u>Conseils N° 1</u>

I. Pour commencer, fermez votre cours et essayez de vous rappeler de ce que vous aviez appris en classe avec le professeur ;

II. Ouvrez et lisez mais faites des pauses pour vous poser les questions telles que : Quels sont les notions clés ? Quels sont les mots nouveaux ? Et les redéfinir ;

III.     Il existe certains sites qui vous proposent des tests pour votre auto évaluation. Si vous avez une connexion, prenez votre navigateur Google et tapez test ou Quiz « matière plus chapitre plus les mots clés »

## 2. Espacez vos séquences de révision

C'est la méthode qui permet de laisser un temps s'écouler entre deux à plusieurs remémorations. Plus on a du mal à se rappeler dans le temps plus le cerveau cherche à se développer en essayant de retrouver le savoir appris.

### <u>Conseils N°2 :</u>

I.     Établissez un agenda en fonction du contenu ;

II.     S'il s'agit des formules ou noms compliqués, faites un espacement de quelque minutes ;

III.     Pour d'autre contenus faites un espacement d'une heure à trois heures, ensuite par un à deux jours enfin par semaine.

## 3. Diversifiez votre travail :

Éprouver le cerveau parait être fastidieux pour certains mais c'est en essayant de résoudre plusieurs types de problèmes que vous allez habituer votre cerveau à ne pas avoir la paresse de réfléchir et retrouver vite les solutions possibles dans vos recherches futures.

# 4. Alternez les matières à apprendre

C'est pour rendre le travail de récupération plus difficile au moment où vous allez revenir sur la matière apprise précédemment. N'oubliez pas, plus la récupération est difficile mieux le cerveau se développe en créant d'autres circuits neuronaux

Vous pouvez aussi apprendre une autre matière entre deux remémorations

# 5. La génération

Anticiper les cours avant d'aller en classe. Faire une auto-évaluation c'est-à-dire se poser des questions susceptibles d'être posées. Essayer de répondre à certaines questions au moment du cours. Cette méthode va vous permettre de déceler vos lacunes.

# 6. La réflexion

Essayer de réfléchir sur les liens qui existent entre ce qui vient d'être appris et les connaissances antérieures.

## <u>Conseils N°3:</u>

- Varier votre environnement d'apprentissage pour mieux retenir ;

- Transformer la leçon sous forme de Mind Map ;
- Expliquer ou enseigner et Demander un feed back ;
- Si l'évaluation est dans une semaine, il vaut mieux prévoir deux séances de travail espacées de un ou deux jours
- Favoriser le sommeil entre deux remémorations ;
- Buvez beaucoup quand vous apprenez, l'eau est le lubrifiant du cerveau ;
- Réfléchissez constamment à ce que vous faites. Posez-vous des questions
- Participer au cours est aussi une façon d'apprendre ;
- Ne pas apprendre à la dernière minute, il faut se préparer pour un DS ;
- Ne pas hésiter à demander aux profs des explications à la fin d'un cours ;
- Évitez le travail massé ou le travail intensif ou le bûchage. Ne vous concentrez ;
- pas sur une seule matière ou un seul aspect du cours durant des heures et des heures ;
  - **Éviter le bachotage** ! Travailler 10 heures par jour, ça ne marche pas car la mémoire est saturée. L'idéal est de réviser le matin et de faire autre chose l'après-midi.

Livre à lire pour approfondir : Peter C. Brown; Henry L. Roediger; Mark A. McDaniel. *Mets-toi ça dans la tête !*

# FICHE MÉTHODE N°2

# FORMER UN CERVEAU COLLECTIF

1.  Avant de se lancer dans un groupe de travail avec quelqu'un, assurez-vous que cette personne soit prête à y passer le temps nécessaire.

2.  Choisissez les personnes qui peuvent apporter des solutions aux problèmes dans le groupe. Il y a toujours des étudiants qui comprennent certaines matières mieux que les autres.

3.  Respecter un équilibre de groupe. Le nombre idéal est 4. Si vous êtes plus, vous risquez fortement d'être moins efficace et plus vite distraits.

4.  Si l'un des membres du groupe fait quelque chose, Valorisez-le.

5.  Éviter toute distraction (portable éteins, pas de télé, pas de visite,…) éviter toutes digression.

6.  Posez des questions si vous ne comprenez pas

7. Faites ensemble une série de question et vous essayez d'y répondre.

8. Apporter votre contribution au groupe pour que ça fonctionne.

9. Chacun doit pouvoir poser ses questions tour à tour.

10. Demander aux autres ce qui ne vous paraît pas très clair.

11. S'il y a quelqu'un qui maitrise un point particulier il doit l'enseigner aux autres.

12. Essayer de trouver votre style d'apprentissage (visuel, auditif et kinesthésique).

13. Prévoyiez des pauses en vous changeant d'idées

14. Ne considérez pas que votre point de vue étant tellement clair et évident pour vous, il le soit pour tous les autres.

15. Soyez souple par rapport aux réactions des uns et des autres dans le groupe et de s'y adapter !

16. Respectez l'autre, ne lui coupez la parole.

17. Ne pas tolérez les retards de plus de 10 à 15 min, apprendre à venir à l'heure est l'une des meilleures résolutions à prendre pour atteindre vos objectifs.

# FICHE MÉTHODE N°03

## LA METHODE INFAILLIBLE POUR AVOIR DE BONNES NOTES

### <u>Votre plan d'action.</u>

1. Récupérez les sujets des 5 dernières années. C'est valable pour chaque matière.

2. Où les récupérer ?  Dans les annales ; auprès des anciens élèves et de vos profs.

3. Classez-les dans un classeur ou dans des chemisiers.

4. Essayez de les faire sans regarder la correction. Si vous avez un problème demandez à ceux qui savent de vous l'expliquer

5. Ensuite faites-vous corriger par certains étudiants ou par vos professeurs.

6. N.B : ne montrez pas les sujets à vos professeurs mais, seulement, les questions ; ceci dans le but de ne pas diminuer vos chances d'avoir le même sujet lors d'un devoir ou examen.

7. Classez les solutions

8. Achetez un cahier de trois cents pages ou quatre cents pages ou un paquet de feuilles blanches ou des blocs notes.

9. Repérer, pour chaque matière, le nom du sujet, le numéro de l'exercice plus la solution juste après.

10. Quand vous avez une difficulté, expliquez comment vous avez faits pour la résoudre Juste après la solution de la question consternée.

11. Exemple : sujet maths 2014 ; exercice 3 ; solution, NB…

12. À l'approche d'un devoir ou d'un examen, vous n'avez besoin que de quelques minutes pour réviser votre cours et prenez votre cahier exercice et révisez.

# FICHE MÉTHODE N°4

# TRAVAILLER EFFICACEMENT

Les capacités de l'élève sont souvent suffisantes mais le travail fourni n'est pas efficace. Ce sont les méthodes de travail liées à la gestion de leurs temps qui sont en cause. Au lycée beaucoup d'élèves se voient reprocher leur manque de travail mais souvent, c'est qu'ils ne savent pas comment travailler.

**Prévoir, hiérarchiser et planifier**

C'est une règle de base : chaque semaine, une liste de ce qui est à faire, la fameuse "to do list", doit être établie. Ensuite, ces tâches doivent être triées selon la matrice ci-dessus : ce qui est important et urgent, urgent et non important, non urgent et important, non urgent et non important.

**Établir sa feuille de journée chaque soir ou chaque semaine.**

*Deux lois à connaître :*

1. **Une loi biologique :** Performances intellectuelles maximales jusqu'à midi, puis déclin jusqu'à 16h environ et remontée ensuite, avec un nouveau maximum entre 17 et 21h.

### 2.  La loi de Parkinson

Plus on dispose de temps pour accomplir un travail, plus ce travail prend précisément du temps.

# *Quatre règles à observer :*

1.  ne faire qu'une tâche à la fois et ne penser à rien d'autre pendant son exécution.

2.  ne pas quitter une tâche avant de l'avoir terminée. (Si on t'envoie chercher le pain alors que tu es en pleine rédaction, par exemple, ne réponds surtout pas : je finis ma phrase et j'y vais. Au contraire : arrête-toi en plein milieu de la phrase, tu verras avec quelle facilité tu retrouveras le fil de ton raisonnement).

3.  ne jamais remettre à demain ce qu'on peut faire le jour même et respecter scrupuleusement les temps qu'on s'est fixés pour chaque chose : si tu as décidé de faire une demi-heure de maths et trois-quarts d'heure d'anglais, tu arrêtes d'apprendre ton histoire au bout d'une demi-heure même si tu n'as pas tout appris, mais tu continues à faire de l'anglais même si tu as fini ta leçon au bout de vingt minutes.

4.  ne jamais perdre quelques minutes qui se présentent sous prétexte que ce n'est pas la peine de commencer un travail qu'on n'aura pas le temps de finir.

**Un plan de travail devient vite une très bonne habitude. Quelques minutes de réflexion par jour procurent de nombreux avantages.**

1. **Pour gagner beaucoup de temps**

   - On travaille toujours plus efficacement lorsque le temps est limité.

   - Fixer des limites précises à chaque travail (ex : décider de consacrer 2 ou 3 heures à la révision d'un devoir).

2. **Pour éviter la fatigue**

   - Éviter de travailler par à-coups.

   - Équilibrer les périodes d'étude et de loisirs dans la journée ou dans la semaine.

   - Dégager l'esprit de tous les soucis liés aux retards, aux oublis.

3. **Pour être efficace**

   Un planning donne envie de terminer ce qui est commencé et d'une manière générale envie de travailler.

   - Il indique les priorités.

   - Il évite de perdre du temps à rêver avant de décider de ce que l'on va entamer.

4. **Pour se libérer**

   - Planifier, c'est aussi gérer son temps de travail pour profiter davantage de ses loisirs sans avoir mauvaise conscience.

5. **Sachez ce que l'on attend de vous.**

   - Demandez à vos professeurs les règles du jeu (pour les contrôles et pour l'examen).

6. **N'attendez pas pour planifier votre travail**

   - Ne comptez pas sur le beau temps du mois de mai pour vous stimuler.

7. **Ne misez pas tout sur une ou deux disciplines uniquement !**

8. **Prenez l'habitude d'un travail régulier**

9. **Des moyens**

   - Vos plages de temps libres dans la semaine.

   - Vos points forts (dans quelle discipline vous travaillez plus vite).

10. **Planifier chaque semaine**

    - Planifier, sur votre agenda, votre travail en fin de semaine pour la semaine suivante.

    - Incluez vos périodes d'activités et de détente dans votre semaine.

11. **Travaillez aux meilleures heures de la journée**

Réservez les heures les plus favorables pour les travaux les plus difficiles.

- De 9 h à 12 h : bonne période de travail, avec performance la meilleure vers 10 h.
- De17 h à 19 h : période favorable à la mémorisation à long terme (l'apprentissage des   leçons, les révisions).
- Avant de dormir : si vous êtes toujours en forme, période idéale pour la mémorisation.

12. **Restez efficaces au travail**

- Prévoyez le temps nécessaire
- Consacrez le temps minimum à ce qui est facile.
- Réservez plus de temps pour ce qui est difficile ou pour ce qui vous ennuie.
- Évitez si possible de quitter votre travail avant de l'avoir terminé, sauf pour de courtes pauses.
- Prévoyez des moments de détente
- Effectuez des pauses de 10 mn, toutes les heures et demie au maximum.
- Variez le travail
- Alternez les disciplines (difficiles puis faciles).
- Variez les types d'activité, par exemple les séances de mémorisation puis les exercices.

## 13. Contrôler ses réalisations

Un plan n'est utile que s'il est suivi d'effets. Pour cela contrôlez l'avancement de votre travail.

## 14. Chaque soir :

- Barrez ce qui est effectué.
- Reportez ce qui reste sur les jours suivants.
- Consultez votre programme du lendemain.

## 15. Chaque fin de semaine :

- Consultez vos travaux et objectifs du mois.
- Barrez ce qui est effectué.
- Reportez ce qui reste sur la ou les semaines à venir.

# Plusieurs moyens pour résoudre le problème

- **<u>Gérer son temps et planifier</u>**

Savoir exactement ce qu'on a à faire : si tout est écrit et regroupé, on ne risque pas d'oublier quelque chose d'important et à vous le plaisir de cocher à mesure ce qui est fait !

**• <u>Identifier les choses à faire et les lister sous forme de priorités.</u>**

Faire la liste de TOUT ce que l'on a à faire permet de se rendre compte du temps dont on dispose réellement et rend réaliste.

**Numéroter** les activités en fonction de leur ordre de priorité (ce qui presse le plus en fonction des dates d'échéance par exemple) aide à choisir par quoi commencer et à se fixer des objectifs : cela soulage quand on se sent débordé.

**• <u>Se donner envie de travailler</u>**

Rendre le travail agréable en se créant un environnement favorable et pratique : avoir sous la main ses outils, prendre un cahier neuf, utiliser des crayons de couleur…: bref, trouver quelque chose qui vous donne envie de travailler !

**• <u>Choisir le bon environnement</u>**

Travailler chez soi peut constituer un facteur de risques dans la mesure où on peut se laisser happer par le quotidien ou le confort de son divan : il peut être préférable de s'installer à la bibliothèque ou dans un environnement moins tentateur.

### • <u>Choisir le moment propice à chaque activité</u>

Tout le monde n'a pas le même biorythme ; apprenez à vous connaître : si vous êtes du matin, profitez-en pour commencer par les tâches ardues ; si vous êtes lent au démarrage, commencez par une tâche moins exigeante en guise d'échauffement.

### • <u>Choisir ses amis et travailler en équipe</u>

Prenez exemple sur des gens qui fonctionnent différemment de vous ; si possible des gens habitués à fournir un effort régulier… Par ailleurs, le travail en équipe permet de se discipliner si on ne veut pas pénaliser ses coéquipiers.

### • **Visualiser l'ensemble de la tâche à accomplir**

Imaginez le travail une fois terminé : quel aspect aurait-il ? Travail long ou travail

Court ? Selon le cas, les étapes pour y parvenir seront différentes, sachez les identifier ; cela vous permettra de doser vos efforts.

### • <u>Agir ici et maintenant</u>

Le plus difficile est de s'y mettre. Commencez par réaliser le minimum exigé : vous aurez au moins une base, cela fera baisser votre stress, et vous pourrez ensuite y apporter des améliorations.

### • <u>Découper les activités en tranches réalisables</u>

**Fractionner** le travail en fonction de courtes périodes vous permet d'avancer à petites doses : dites-vous que vous ne pouvez pas tout faire d'un.

### • <u>Se fixer des objectifs et des échéances raisonnables</u>

Se donner des tâches à accomplir dans un temps limité et le faire (ex : "à telle heure, je dois avoir lu ces x pages") ; observez le temps que cela vous prend pour telle ou telle tâche : cela varie selon la difficulté, mais vous le saurez et par la suite cela vous aidera à mieux planifier votre travail.

### • <u>S'encourager et se récompenser</u>

Regardez ce que vous avez déjà accompli pour vous encourager ; accordez-vous une pause méritée après un effort soutenu, etc.

# À SAVOIR

- **les matinées** sont des moments privilégiés. Il faut donc les réserver, si on n'a pas de cours, au travail créatif et créateur (dissertations, versions, problèmes de mathématiques, etc.)

- **les débuts d'après-midi** sont des moments moins propices à la concentration mentale ; il faut les consacrer donc au sport ou à la "besogne" (rangement, classement, correspondance, mise au propre des notes, découpage des revues, etc.)

- **les fins d'après-midi** sont à nouveau des moments privilégiés à réserver aux devoirs, à l'apprentissage des leçons, aux révisions...

- **après dîner** ne pas entreprendre de travail difficile et, immédiatement avant le coucher, établir la feuille de journée du lendemain, préparer ses affaires et revoir ses leçons (le travail du subconscient les fixera définitivement pendant votre sommeil, à votre insu)

- **les temps morts** (battements d'une demi-heure, transports, etc.) peuvent représenter parfois plusieurs heures par jour. Ils seront donc utilisés pour des choses qui peuvent être interrompues (apprentissage du vocabulaire des langues vivantes, des théorèmes en maths, etc.)

| MON PLAN DE CROISSANCE PERSONNELLE SUR 30 JOURS | | | |
|---|---|---|---|
| **LES COURS A MAITRISER** | | **LES EXERCICES A FAIRE SEUL** | |
| 1) | | 1) | |
| 2) | | 2) | |
| 3) | | 3) | |
| 4) | | 4) | |
| 5) | | 5) | |
| **MES NOUVELLES HABITUDES CLEES À ADOPTER** | | **MES AFFIRMATIONS DU MOIS** | |
| 1. | | 1) | |
| 2. | | 2) | |
| 3. | | 3) | |
| 4. | | 4) | |
| **LES EXERCICES** | **DATE DE FIN** | **MES COURS PARTICULIERS À SUIVRE** | **DATE DE FIN** |
| 1) | | 1) | |
| 2) | | 2) | |

- **les nuits** sont réservées au sommeil, même et surtout avant les contrôles ou les examens ! Le travail nocturne n'est jamais efficace car il intervient au moment où le sang est empoisonné par l'accumulation des déchets d'assimilation de la journée. Il faut donc absolument fixer l'heure du coucher en fonction de celle du réveil plutôt qu'en fonction de la fin des émissions de télévision !

| | | | |
|---|---|---|---|
| 3) | | 3) | |
| 4) | | **LES SUJETS A FAIRE** | |
| 5) | | 1) | |
| 6) | | 2) | |
| 7) | | 3) | |

# FICHE MÉTHODE N°5

# COMMENT AVOIR LA CONFIANCE ET L'ESTIME DE SOI

La confiance et l'estime de soi étant un état d'esprit, sont jumelles. L'estime que vous avez de vous peut affecter négativement ou positivement votre confiance en vous. L'estime de soi est cette perception que vous avez de vous-mêmes face aux évènements.

Modelez votre vie, à la vie des gens qui ont réussi dans le domaine de votre choix, c'est-à-dire imitez ceux qui ont réussi par la production de résultats.

**Augmentez votre estime de vous-même en suivant ces points :**

1. Dites-vous que vous êtes important.

2. Pensez que vous valez bien plus que ce que vous croyez car vous avez au moins quelque chose dans la tête. Dans certaines circonstances, vous êtes utiles aux autres.

3. Mettez en place de petits objectifs que vous savez pouvoir atteindre et augmentez au fur et à mesure d'autres défis plus grands que les précédents.

4. Essayez de vous inscrire dans une association ou dans un groupe où vous vous efforcerez d'occuper des postes de responsabilité de quelques activités.

5. Votre estime augmente aussi en aidant, ou en essayant d'apporter des solutions aux problèmes de votre entourage.

6. Intéressez-vous aux autres. Pour cela, je vous recommande de lire *Comment se faire des amis* de Dale Carnegie. *C*'est un livre fantastique qui peut vous aider à augmenter l'estime de vous-même qui se développera en fonction de votre personnalité et l'intérêt que vous portez aux autres.

7. Énumérez toutes les causes qui prouvent que vous devez avoir une bonne estime de vous-même notamment les choses que vous avez réalisées dans le passé. À chaque fois que vous croyez avoir une mauvaise estime de vous-même, pensez à vos réalisations passées

8. Dites-vous que si d'autres ont pu réaliser certaines choses dans leur vie, ce n'est point parce qu'ils sont plus intelligents que vous. Alors, vous pouvez vous aussi arriver à ce résultat.

9.

10. Se répéter de petites phrases pour reprogrammer son subconscient à avoir une bonne estime de soi. Lire des livres qui vous donnent l'estime et le courage des gens qui vous ont précédé.

La confiance en soi est en relation avec l'estime de soi. Avoir de l'audace pour réaliser ses rêves. La confiance s'apprend et tout le monde peut la développer. Elle n'est donc pas innée.

Enlevez ce discours mental qui vous dévalorise par des pensées négatives telles que :

1.  je ne suis pas intelligent

2.  c'est difficile

3.  je ne peux pas

4.  Je vais échouer

5.  c'est impossible

6.  Je suis vieux

Plus vous vous concentrez sur des actions que vous avez réussies plus vous développerez votre confiance en vous.

**Suivez ces étapes pour augmenter votre confiance en vous-même :**

1.  Apprenez à vous exprimer avec vos amis ou inscrivez-vous à une association dans laquelle vous postulerez pour occuper des responsabilités

2.  Prenez l'initiative de faire les choses en premier dans le bon sens.

3.  Développez votre physique et soignez-vous.

4.  S'habiller correctement augmente aussi la confiance en soi.

5.  Saluez les gens d'une poignée de main ferme.

6.  Pratiquez l'audace positive. Sachez vos points forts.

7.  Adressez-vous aux autres ou osez aller vers eux.

8.  Regardez les gens en face quand vous discutez avec eux. Si vous avez du mal, faîtes appel à un coach.

**Si vous ne passez pas à l'action, vous allez mourir comme une personne ordinaire ; une personne qui n'a rien fait pour l'humanité.**

# FICHE MÉTHODE N°6

# COMMENT SE CONCENTRER

**La concentration, c'est la capacité de fixer son attention sur un sujet ou une occupation choisie en se refusant à laisser aller cette attention vers d'autres sujets qui la sollicitent.**

1. Fixez-vous d'abord un objectif ! imaginez le résultat que vous voulez obtenir

2. Ayez un bloc-notes pour y prendre des notes. Vous pourrez ainsi les ordonner et les utiliser pour le cours suivant.

3. Ne regardez pas compulsivement l'horloge. Le temps ne passera que plus lentement.

4. Évitez de regarder à l'extérieur alors que les gens passent, sinon cela deviendra une habitude.

5. Dites-vous que le cours finira tôt ou tard

6. Repérez et soulignez en couleurs les parties importantes. Cela vous permettra de mieux vous concentrer.

7. Ne bavardez pas avec vos camarades, sinon vous serez distrait et raterez des informations primordiales.

8. Ne fixez pas trop votre regard sur la montre

9. Débarrassez-vous de toute autre distraction (portables, écouteurs,…)

10. Posez des questions.

11. Notez le temps passé sur les distractions et les pauses.

12. Appliquez une concentration active. Essayez de travailler activement en se posant des questions, en faisant des fiches de résumé. Pour ces fiches, utilisez vos propres mots

13. La méthode la plus efficace pour se concentrer en apprenant vos cours, c'est d'essayer de résumer un paragraphe sans changer le sens.

14. Travaillez en bloc de temps.

# FICHE N°7

## Les citations inspirantes

1. « Je peux accepter l'échec, tout le monde échoue dans quelque chose. Mais je ne peux accepter de ne pas essayer»

   **Michael Jordan**

2. « Je n'ai pas échoué. J'ai simplement trouvé 10 000 façons de ne pas y arriver »

   **Thomas Edison**

3. " Le succès n'est pas la clé du bonheur. Le bonheur est la clé du succès. Si vous aimez ce que vous faites-vous réussirez. "

   **Albert Schweitzer**

4. « Il n'y a aucun secret pour réussir. C'est le résultat de la préparation, le travail acharné et apprendre de l'échec. »

   **Colin Powell**

5. « Si tu abandonnes une fois, cela peut devenir une habitude. N'abandonne jamais. »

   **Michael Jordan**

6. « Votre temps est limité, ne le gâchez pas en menant une existence qui n'est pas la vôtre. »

   **Steve Jobs**

7. « L'endurance est l'une des choses les plus difficiles. Mais ceux qui endurent finissent par gagner. »

   **Buddha**

8. « Agissez comme s'il était impossible d'échouer. »

   **Winston Churchil**

9. « Si tu veux vraiment une chose, il te faudra travailler dur pour l'obtenir, rien n'arrive jamais tout cuit. »

**anonyme**

10. « La seule chose qu'on est sûr de ne pas réussir est celle qu'on ne tente pas. »

**Paul-Émile Victor**

11. « Lorsque tu veux réussir autant que tu veux respirer, tu obtiens du succès. »

**Eric Thomas**

12. « Si tu fais toujours ce que tu as l'habitude de faire, tu récolteras ce que tu as toujours récolté. »

**Albert Einstein**

13. "Le secret pour avancer est de commencer"

**Mark Twain**

14. «Réussir dans la vie est aussi simple qu'être un bon élève. Tout ce que vous avez à faire est d'être attentif, de travailler fort et de donner le meilleur de vous-même ».

**anonyme**

# FICHE N°8

## UNE METHODE EFFICACE POUR ACQUERIR DE NOUVELLES HABITUDES

**MES HABITUDES EN OR DU ... /... AU ...,/... 20... / SEMAINE 01**

### Nom et prénom :

Listez 04 habitudes que vous allez prendre au cours de ce mois ; que ce soient des habitudes journalières. Appliquez la règle des 21 jours qui consiste à enchainer l'habitude pendant 21 jours successifs. Si vous passez ce cap, vous y arriverez facilement.

| HABITUDES | dim | Lun | mar | mer | jeu | Ven. | sami |
|---|---|---|---|---|---|---|---|
| | | | | | | | |
| | | | | | | | |
| | | | | | | | |
| Lire 30 minutes par jour | | | | | | | |
| | | | | | | | |

On ne peut pas adopter plusieurs habitudes à la fois. En essayant de les atteindre toutes en même temps nous dispersons nos efforts.

## <u>Comment procéder ?</u>

1. Concentrez vos pensées sur une habitude, pendant toute une semaine, et chaque jour de la semaine. Chaque fois qu'une occasion d'appliquer ce comportement se présente. Faites immédiatement, agissez !
2. Puis durant la seconde semaine, concentrez- vous sur une seconde habitude.
3. La première habitude à maintenant pénétrer dans votre subconscient.
4. Si, tout à coup, vous avez conscience de pouvoir appliquer la première habitude, pressez sur votre démarreur personnel, » fais-le immédiatement ? » Et agissez sur le champ !
5. Continuez à vous concentrer chaque semaine sur une à deux voire trois habitudes donnés, en laissant les autres de côté.
6. Votre subconscient prendra l'habitude de réagir automatiquement quand l'occasion se présentera.
7. Quand vous aurez une qualité que vous désirez, choisissez une nouvelle habitude, ou une nouvelle qualité à atteindre.

8.  Pour chaque habitude, dans la colonne correspondant au jour, j'indique par un petit rond noir chaque faute commise que me révèle mon examen de conscience quotidien.

# Références :

## Bibliographie :

1. SOW, Mahamadou. *Surpassez-Vous*. Autoédition ; 2018.

2. Peter C. Brown; Henry L. Roediger; Mark A. McDaniel. *Mets-toi ça dans la tête !* markus haller, 2016.

3. Hill, Napoléon; Stone, W. Clement. Le succès par la pensée constructive. J'ai lu, (2011), 161 p.

## Wébographie :

1. http://www.studyrama.com/formations/bac-2015/revisions-et-jour-j-tous-les-conseils-pour-reussir-son/    juin 2015

2. http://etudiant.aujourdhui.fr/etudiant/info/planning-de-revision-du-bac-comment-reviser-le-bac.html juin 2015

3. http://www.argentaire.com/2016/06/10-citations-motivantes-pour-les.html   consulté le  27 /08 2018

4. http://tabligh.over-blog.net/article-4382671.html   décembre 2019

5. https://jeretiens.net/top-6-des-etapes-pour-apprendre-a-se-concentrer/

6. http://pikeroen.free.fr/Site/03A7E7D4-DA23-11DB-A580-0003930E67DC_files/Organiser%20son%20temps-1.pdf : décembre 2019

7. https://fr.wikihow.com/se-concentrer-davantage-en-classe    . Consulté le 27 08 2018

8. http://www.intellego.fr/soutien-scolaire-revisions-bac/aide-scolaire-revisions-bac/methodologie-bac-comment-organiser-ses-revisions-  /33046#4fB0YPfrZdYwrLgX.99   juin 2015

9. https://saint-etienne.cio.ac-lyon.fr/spip/spip.php?article24

"Je sais qu'aucune œuvre humaine n'est parfaite. Raison pour laquelle, je reste ouvert à toutes critiques constructives, ou suggestions, ou contributions qui pourraient m'aider à améliorer le contenu de ce livre".

**SOW DP**